NATIONAL
GEOGRAPHIC

School Publishing

Trabajos

Rowan Sellers

PICTURE CREDITS

Illustrations by David Legge (4–5, 14–15).
Cover, 1, 2, 6 (all), 7 (right), 8 (right), 9 (all), 10 (below right), 12 (all), 13 (all), 16 (all except bottom), Photolibrary.com; 7 (left), 11 (below right), 16 (bottom), APL/Corbis; 8 (left), Jeff Greenberg/PhotoEdit, Inc.; 10 (above left), Getty Images; 11 (above left), APL.

Produced through the worldwide resources of the National Geographic Society, John M. Fahey, Jr., President and Chief Executive Officer; Gilbert M. Grosvenor, Chairman of the Board.

PREPARED BY NATIONAL GEOGRAPHIC SCHOOL PUBLISHING

Ericka Markman, Senior Vice President and President Children's Books and Education Publishing Group; Steve Mico, Senior Vice President and Publisher; Marianne Hiland, Editorial Director; Lynnette Brent, Executive Editor; Michael Murphy and Barbara Wood, Senior Editors; Bea Jackson, Design Director; David Dumo, Art Director; Margaret Sidlowsky, Illustrations Director; Matt Wascavage, Manager of Publishing Services; Sean Philpotts, Production Manager.

SPANISH LANGUAGE VERSION PREPARED BY
NATIONAL GEOGRAPHIC SCHOOL PUBLISHING GROUP

Sheron Long, CEO; Sam Gesumaria, President; Fran Downey, Vice President and Publisher; Margaret Sidlosky, Director of Design and Illustrations; Paul Osborn, Senior Editor; Sean Philpotts, Project Manager; Lisa Pergolizzi, Production Manager.

MANUFACTURING AND QUALITY MANAGEMENT

Christopher A. Liedel, Chief Financial Officer; George Bounelis, Vice President; Clifton M. Brown III, Director.

BOOK DEVELOPMENT

Ibis for Kids Australia Pty Limited.

SPANISH LANGUAGE TRANSLATION

Tatiana Acosta/Guillermo Gutiérrez

SPANISH LANGUAGE BOOK DEVELOPMENT

Navta Associates, Inc.

Published by the National Geographic Society
Washington, D.C. 20036-4688

ISBN: 978-0-7362-3837-3

Printed in the U.S.A.

19 18 17 16

10 9 8 7 6 5 4

Contenido

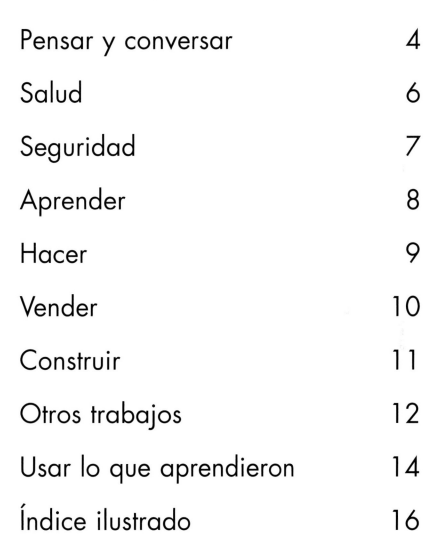

profesora de gimnasia

oficinista

Tienda de comestibles

conductor de autobús

escritora

mesera

tendero

artista

4

Salud

Algunas personas nos ayudan
a estar saludables.

médico

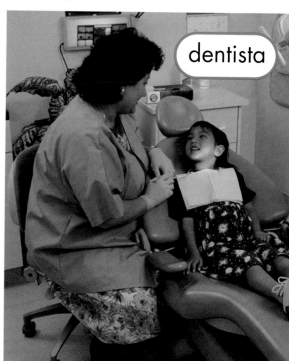

dentista

6

Seguridad

Algunas personas nos ayudan
a estar seguros.

oficial de policía

Aprender

Algunas personas nos ayudan a aprender.

guardabosques

maestra

Hacer

Algunas personas hacen cosas que necesitamos.

pastelera

zapatero

Vender

Algunas personas venden cosas que necesitamos.

vendedor de ropa

cajero

Construir

Algunas personas construyen cosas que necesitamos.

albañiles

constructores de puentes

Otros trabajos

Las personas también tienen muchos otros trabajos. ¿Qué otros trabajos se les ocurren?

mecánica

plomero

música

agricultor

cocineros

profesor de kárate

limpiador de ventanas

Librería familiar

Tienda de comestibles

mesero

oficial de policía

estudiante

guarda del cruce

14

¿Qué trabajo están realizando estas personas?
¿En qué les gustaría trabajar a ustedes?

pintor

Consultorios médicos y dentales

capataz

arquitecto

obrero de la construcción

ayuda

personas

trabajador

trabajar

trabajo

15

Índice ilustrado